I0821842

Kelli Hicks

TABLE DES MATIÈRES

Un livre de la collection
Les jeunes plantes de Crabtree

Crabtree Publishing
crabtreebooks.com

Soutien de l'école à la maison pour les parents, les gardiens et les enseignants

Ce livre aide les enfants à se développer grâce à la pratique de la lecture. Voici quelques exemples de questions pour aider le lecteur ou la lectrice à développer ses capacités de compréhension. Les suggestions de réponses sont indiquées en rouge.

Avant la lecture

- De quoi ce livre parle-t-il?
    - *Je pense que ce livre parle des serpents dangereux.*
    - *Je pense que ce livre parle des serpents énormes.*

- Qu'est-ce que je veux apprendre sur ce sujet?
    - *Je veux savoir où vivent les boas constricteurs.*
    - *Je veux savoir ce que mangent les boas constricteurs.*

Pendant la lecture

- Je me demande pourquoi...
    - *Je me demande pourquoi les boas constricteurs peuvent être de différentes couleurs.*
    - *Je me demande pourquoi ils avalent leurs proies en entier.*

- Qu'est-ce que j'ai appris jusqu'à présent?
    - *J'ai appris que les boas constricteurs peuvent sentir avec leur langue.*
    - *J'ai appris qu'ils sont des reptiles.*

Après la lecture

- Nomme quelques détails que tu as retenus.
    - *J'ai appris que les boas constricteurs utilisent les muscles de leur ventre pour se déplacer en ligne droite.*
    - *J'ai appris qu'ils serrent leur proie jusqu'à ce qu'elle ne puisse plus respirer.*

- Lis le livre à nouveau et cherche les mots de vocabulaire.
    - *Je vois le mot* ***reptile*** *à la page 3 et le mot* ***proie*** *à la page 14. Les autres mots du glossaire se trouvent aux pages 22 et 23.*

LE BOA CONSTRICTEUR

Le boa constricteur est un **reptile** puissant.

Son corps large se déplace en **ligne droite**.

La plupart des serpents se déplacent d’un côté à l’autre. Le boa constricteur utilise les muscles de son ventre pour se déplacer en ligne droite.

La peau d’un boa constricteur peut être jaune, rouge, verte ou tan.

Des zigzags, des ovales, des diamants ou des cercles forment des **motifs** sur la peau.

Le boa balance sa **langue** d’un côté à l’autre pour traquer sa nourriture.

Savais-tu que le boa constricteur peut sentir avec sa langue?

Le boa affamé attend tranquillement.

Il approche furtivement
de sa **proie**.

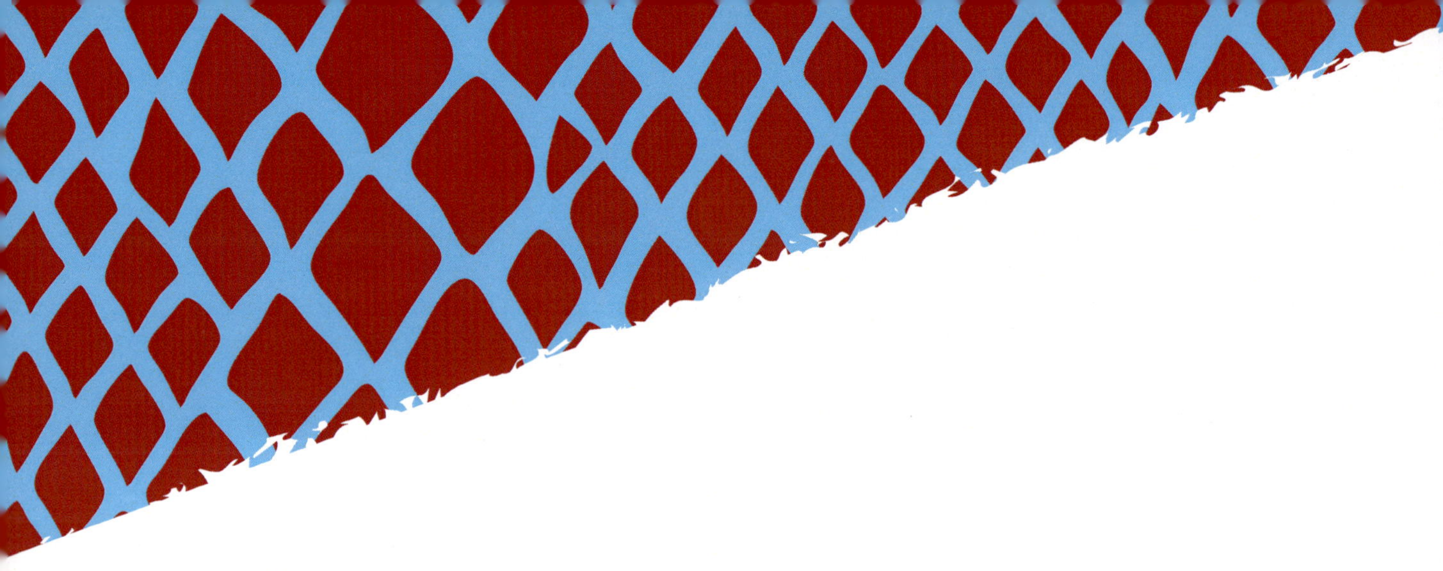

Ses muscles puissants serrent la proie jusqu'à ce qu'elle ne puisse plus respirer.

Le boa avale son repas en entier.

Il retourne dans sa maison,
un rondin **creux**.

Glossaire

creux (creu) : Il y a un espace vide à l'intérieur des choses creuses.

langue (lang) : Une langue est un muscle mobile dans la bouche.

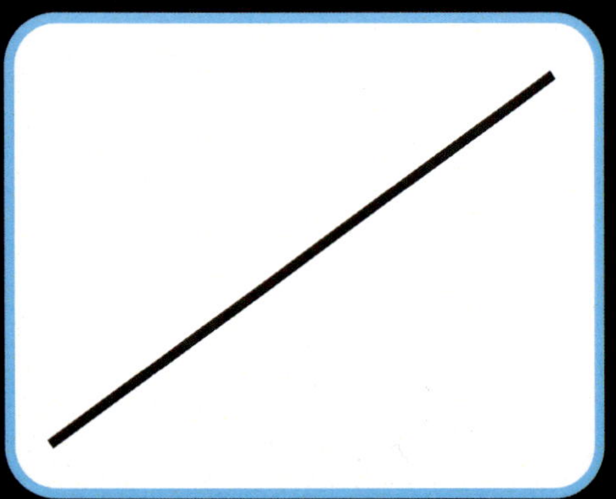

ligne droite (li-gne droat) : Une ligne droite n'a pas de courbe ou d'angle.

motifs (mo-tif) : Les motifs sont des couleurs, des formes ou des figures répétées d'une manière particulière.

proie (proa) : Une proie est un animal qui est chassé et mangé par un autre animal.

reptile (rep-til) : Un reptile est un animal à sang froid et à écailles qui respire de l'air.

Index

Sites Web

Les sites Web sont en anglais seulement.

https://easyscienceforkids.com/all-about-boa-constrictors
https://kids.britannica.com/kids/article/boa-constrictor/352869

À propos de l'autrice

Kelli Hicks

Kelli Hicks adore apprendre de nouvelles choses sur la science et la nature, notamment les serpents dangereux. Elle préfère lire des livres sur les serpents que les rencontrer en personne. Elle habite à Tampa avec son mari, ses deux enfants et son chien, Emma June.

Crabtree Publishing

crabtreebooks.com 800-387-7650

Imprimé au Canada/112023/CPC20231031

Catalogage avant publication de Bibliothèque et Archives Canada
Titre: Le boa constricteur / Kelli Hicks ; texte français d'Annie Eevearts.
Autres titres: Boa constrictors. Français.
Noms: Hicks, Kelli, auteur.
Description: Mention de collection: Serpents dangereux | Les jeunes plantes de Crabtree | Traduction de : Boa constrictors. | Comprend un index.
Identifiants: Canadiana (livre imprimé) 2021028157X | Canadiana (livre numérique) 20210281588 | ISBN 9781039608689 (couverture souple) | ISBN 9781039608740 (HTML) | ISBN 9781039608801 (EPUB)
Vedettes-matière: RVM: Boa constricteur—Ouvrages pour la jeunesse. | RVMGF: Documents pour la jeunesse.
Classification: LCC QL666.O63 H5314 2022 | CDD j597.96/7—dc23

Publié au Canada
Crabtree Publishing
616 Welland Avenue
St. Catharines, Ontario
L2M 5V6

Publié aux États-Unis
Crabtree Publishing
347 Fifth Avenue
Suite 1402-145
New York, NY 10016

Paperback 978-1-0396-0868-9
Ebook (pdf) 978-1-0396-0874-0
Epub 978-1-0396-0880-1
Read-along 978-1-0398-0346-6
Audio book 978-1-0396-6677-1

Autrice : Kelli Hicks
Conception : Jennifer Dydyk
Révision : Tracy Nelson Maurer
Correctrice : Janine Deschenes
Traduction : Annie Evearts

Références photographiques : Masque pour le graphique de peau de serpent sur la couverture et les autres pages © shutterstock.com/ Merydolla; triangle jaune avec le graphique de serpent © Top Vector Studio/ Shutterstock; photo de la couverture : © shutterstock.com/ reptiles4all. Page 3 : ©shutterstock. com/Vadim Petrakov. Page 5 : ©shutterstock.com/ Mr. Pants. Page 6 : ©shutterstock.com/Patrick K. Campbell. Pages. 6-7 : ©shutterstock.com/Piotr Przybysiak. Page 9 : ©istock.com/reptiles4all. Page 11 ©istock.com/DimitarOmi. Page 13 : ©shutterstock.com/Karel Bartik. Page 14 : ©shutterstock.com/Karel Bartik. Page 16 : ©istock.com/GlobalP. Page 17 : ©shutterstock.com/Karel Bartik. Page 19 : ©shutterstock.com/Karel Bartik. Page 21 : ©istock.com/David Kenny. Page 22 photo du haut © shutterstock. com/ Wojciech Lepczynski. Page 23 : ©istock.com/amattel